Ana Kugli

FRAUENWAHLRECHT

Ana Kugli
Frauenwahlrecht

Herausgeber
E. Freiburger, A. Goffin, J. Klotz
J. S. Klotz Verlagshaus GmbH
Am Anger 70 | 75345 Neulingen
www.klotz-verlagshaus.de

ISBN 978-3-948424-77-0

Autorin	Ana Kugli
Endkorrektorat	Corinna Wintzer
Titelbild & Umschlaggestaltung	Sina Fuchs
Grafik	Sina Fuchs
Illustrationen	Anna Eickhoff
Bildnachweis ab S. 59	

INHALTSVERZEICHNIS

Rezitation aus der ersten Rede einer Abgeordneten in der Nationalversammlung am 19. Februar 1919, Marie Juchacz (SPD)

„Meine Herren und Damen!

(Heiterkeit)

Es ist das erste Mal, daß in Deutschland die Frau als Freie und Gleiche im Parlament zum Volke sprechen darf, und ich möchte hier feststellen, und zwar ganz objektiv, daß es die Revolution gewesen ist, die auch in Deutschland die alten Vorurteile überwunden hat.

(Sehr richtig! bei den Sozialdemokraten)

Die Frauen besitzen heute das ihnen zustehende Recht der Staatsbürgerinnen. Gemäß ihrer Weltanschauung konnte und durfte eine vom Volke beauftragte sozialistische Regierung nicht anders handeln, wie sie gehandelt hat. Sie hat getan, was sie tun mußte, als sie bei der Vorbereitung dieser Versammlung die Frauen als gleichberechtigte Staatsbürgerinnen anerkannte.

Ich möchte hier feststellen und glaube damit im Einverständnis vieler zu sprechen, daß wir deutschen Frauen dieser Regierung nicht etwa in dem althergebrachten Sinne Dank schuldig sind. Was diese Regierung getan hat, das war eine Selbstverständlichkeit: sie hat den Frauen gegeben, was ihnen bis dahin zu Unrecht vorenthalten worden ist.

Wollte die Regierung eine demokratische Verfassung vorbereiten, dann gehörte zu dieser Vorbereitung das Volk, das ganze Volk in seiner Vertretung. Die Männer, die dem weiblichen Teil der deutschen Bevölkerung das bisher zu Unrecht vorenthaltene Staatsbürgerrecht gegeben haben, haben damit eine für jeden gerecht denkenden Menschen, und für jeden Demokraten selbstverständliche Pflicht erfüllt. Unsere Pflicht aber ist es, hier auszusprechen, was für immer in den Annalen der Geschichte festgehalten werden wird, daß es die erste sozialdemokratische Regierung gewesen ist, die ein Ende gemacht hat mit der politischen Unmündigkeit der deutschen Frau.

(Bravo! bei den Sozialdemokraten)

Durch die politische Gleichstellung ist nun meinem Geschlecht die Möglichkeit gegeben zur vollen Entfaltung seiner Kräfte. Mit Recht wird man erst jetzt von einem neuen Deutschland sprechen können und von der Souveränität des ganzen Volkes. Durch diese volle Demokratie ist aber auch zum Ausdruck gebracht worden, daß die Politik in Zukunft kein Handwerk sein soll. Scharfes, kluges Denken, ruhiges Abwägen und warmes menschliches Fühlen gehören zusammen in einer vom ganzen Volke gewählten Körperschaft, in der über das zukünftige Wohl und Wehe des ganzen Volkes entschieden werden soll.

Ich möchte hier sagen, daß die Frauenfrage, so wie es jetzt ist in Deutschland, in ihrem alten Sinne nicht mehr besteht *(sehr richtig! bei den Sozialdemokraten)*, daß sie gelöst ist.

Aber damit begeben wir uns nun keineswegs des Rechts, andersgeartete Menschen, weibliche Menschen zu sein. Es wird uns nicht einfallen, unser Frauentum zu verleugnen, weil wir in die politische Arena getreten sind und für die Rechte des Volkes mitkämpfen.

(Bravo! bei den Sozialdemokraten)

Wir Frauen sind uns sehr bewußt, daß in zivilrechtlicher wie auch in wirtschaftlicher Beziehung die Frauen noch lange nicht die Gleichberechtigten sind. Es wird hier angestrengtester und zielbewußter Arbeit bedürfen, um den Frauen im staatsrechtlichen und wirtschaftlichen Leben zu der Stellung zu verhelfen, die ihnen zukommt."[1]

DER LANGE WEG ZUM FRAUENWAHLRECHT

Frauen vor!

Frauen, der Volksstaat hat Euch das Wahlrecht verliehen.

Wahlrecht ist Wahlpflicht!

Alle Frauen müssen wählen und im Staat mitwirken. Wählt, damit Herd und Heim Euch erhalten bleibt, als Grundlage Eures häuslichen Glücks.

✱

Mütter, wählt, damit Eure Kinder Brot haben!

Ehefrauen, wählt, damit Eure Männer Arbeit haben!

Berufsfrauen, wählt, damit Eure Rechte vertreten werden!

✱

Jede Frau, die ihre Wahlpflicht versäumt, schädigt sich selbst und das Vaterland!

Ausschuß der Frauenverbände Deutschlands

(Vorbereitung der Frauen für die Nationalversammlung)

Berlin W 30, Barbarossastraße 65.

Hans Bergmann Kunstdruck, Berlin SW 69, Kochstraße 6

Das Wahlrecht hat in demokratischen Staaten eine besondere Symbolkraft. Heute für uns in Deutschland eine Selbstverständlichkeit, war es noch vor rund 200 Jahren eine revolutionäre Forderung – nicht nur für Frauen, sondern auch für Männer. Erste Debatten darüber, ob das Wahlrecht ein angeborenes Recht sei, das jedem Bürger zustehe (von den Bürgerinnen war zunächst keine Rede), entwickelten sich im 17. Jahrhundert in England.[2] Es sollte dauern, bis sich diese Idee durchsetzte. Mit der Französischen Revolution 1789, die sich Freiheit, Gleichheit, Brüderlichkeit auf die Fahne schrieb, bekam die Forderung nach einem „Wahlrecht für alle" Aufwind.[3]

ZÄHES RINGEN UM POLITISCHE MITBESTIMMUNG

Doch gemeint war damit zunächst ein Wahlrecht ausschließlich für Männer. „Die Frau hat das Recht, das Schafott zu besteigen. Sie muß gleichermaßen das Recht haben, die Tribüne zu besteigen"[4], hielt deshalb die französische Schriftstellerin Olympe de Gouges (1748–1793) in ihrer *Deklaration der Rechte der Frau und Bürgerin* 1791 fest. Sie starb zwei Jahre später durch die Guillotine.[5]

Auch die folgenden Revolutionen in Europa waren dadurch gekennzeichnet, dass die hehren Ziele, insbesondere das Wahlrecht, nur für Männer angestrebt wurden. In Deutschland waren die Wahlen zur Frankfurter Nationalversammlung 1848 die ersten, die nach

dem allgemeinen Wahlrecht für Männer durchgeführt wurden (wobei das Wahlrecht an die „Selbstständigkeit" geknüpft war, rund 80 Prozent der Männer über 25 erfüllten dieses Kriterium). Frauen waren grundsätzlich ausgeschlossen. Sie durften nicht nur nicht wählen, sondern hatten auch kein Versammlungsrecht und konnten in politischen Vereinen nicht Mitglied werden. Sozial und ökonomisch waren Frauen zeitlebens von einem Mann abhängig – vor ihrer Heirat von ihrem Vater, danach von ihrem Ehemann.[6]

Etwa ab 1850 schlossen sich in Deutschland Frauen zusammen, um diese Verhältnisse zu verändern. Das Wahlrecht für Frauen gehörte bald zu ihren Forderungen. Doch eine einheitliche deutsche Frauenbewegung gab es nicht.[7] Die Frauen der oberen Schichten setzten sich Zugang zu akademischer Bildung zum Ziel, während

Frauen aus ärmeren Verhältnissen bessere Lebens- und Arbeitsbedingungen forderten. Uneinig waren sich die Frauen auch darüber, welche Rechte sie genau anstreben sollten. Meinte Selbstbestimmung über den Körper Rauchen und Radfahren oder auch ein Recht auf Abtreibung? An Bildung teilhaben und eigenes Geld verdienen: Sollte das in bescheidenem Rahmen der Selbsterfüllung dienen oder die ökonomische Unabhängigkeit vom Mann bedeuten?

STICHWORT: FRAUENBEWEGUNG

Galt im Zeitalter der Aufklärung die intellektuelle und gebildete Frau als Ideal, hatte sich bis zum Ende des 18. Jahrhunderts gesellschaftlich die Vorstellung von „natürlichen" Eigenschaften der Geschlechter durchgesetzt. Damit einher ging eine klare Trennung und Zuordnung der gesellschaftlichen Räume: Frauen waren für Heim und Familie, Männer für die öffentlichen Bereiche wie Politik und Wirtschaft zuständig. Das bedeutete auch, dass Frauen zeitlebens von einem Mann als Versorger abhängig waren, weil das gesellschaftliche Bild nicht vorsah, dass sie eigenes Geld verdienten. Für Frauen aus der Arbeiterschicht galt dies allerdings nicht, mussten sie doch mit ihrer Erwerbsarbeit die Existenz ihrer Familien mit absichern, da der Lohn des Mannes alleine hierzu nicht ausreichte.

Etwa ab 1815 gründeten die ersten (bürgerlichen) Frauen in Deutschland Frauenvereine, die zunächst karitativ tätig waren, aber im Laufe der Zeit zunehmend politischer wurden. Frauen äußerten

Frauenwahlrecht!

Herausgegeben zum Vierten Sozialdemokratischen Frauentag von Klara Zetkin

Stuttgart, 8. März 1914

Der Tag wird kommen.

Wir harren all auf einen Tag,
Und der Tag, der Tag wird scheinen,
Für die Großen ein flammender Wetterschlag
Und ein Ostertag für die Kleinen,
Wo die Sonne aufgeht wie Blut so rot
Und der Mond so bleich als wie der Tod –
Der Tag wird kommen!

Ihr habt das Meer und des Stroms Gebraus
In des Winters Fesseln geschlagen
Und habt erbaut euer stattliches Haus
Auf die Eise, das muß euch tragen.
Doch horch! wie's stöhnt und dröhnt und kracht.
Der Grund ist lüstern nach eurer Pracht –
Der Tag wird kommen!

Weh euch! Wenn der Frühling stürmt und saust,
Bis die berstenden Schollen brechen,
Bis der Bach und der Fluß und der Strom erbraust,
Die gefesselten Geister sich rächen;
Und das rote Meer, das vergossne Blut,
Den Pharao frißt samt seiner Brut –
Der Tag wird kommen!

Ja, kommen wird er, dem Simson gleich
Die gewachsenen Locken schüttelnd
Und an den Säulen von eurem Reich
Mit riesigen Armen rüttelnd;
Und wird euch singen ein Lied dabei,
„Allons enfants" heißt die Melodei –
Der Tag wird kommen!

O herrlicher Auferstehungstag!
Wenn sie aufstehn die Nationen,
Hinwegzufegen mit einem Schlag
Die Throne zusamt den Drohnen;
Wenn das Volk einhertritt zum Gericht,
Und sein gewaltiges Schuldig spricht –
Der Tag wird kommen!

Ja, kommen wird er wie 's Morgenrot,
Das heraufsteigt jeden Morgen;
Und kommen wird er als wie der Tod,
Dem bleibt kein Haupt verborgen.
O glühender, blühender Ostertag!
O mächtiger, prächtiger Wetterschlag! –
Der Tag wird kommen!

Ludwig Pfau.

Verheißung.

Laut klingt am Frauentag das wundersame Lied der Zeit. Es klingt von Klage und Sehnsucht und klingt von Donner und Sturm. Über das Gewirr von Klängen, die das Leid gebar, erhebt sich eine stolze, kühne Melodie, die ganz Kraft und ganz Wille, ganz Freude und Siegeszuversicht ist. Das Lied dringt aus schwülen, lärmvollen Fabrikshallen, aus dumpfigen Werkstätten und unruhvollen Verkaufsläden; es steigt aus der düsteren Nacht der Gruben auf und zieht über die Felder und Wälder; die Wellen der Flüsse singen es, die Mühlräder treiben und elektrische Kraft spenden; es flutet auf den Wogen der Ozeane, die von den Riesendampfern gepflügt werden. Es klingt in vielen Sprachen und ist doch überall gleich. Das ist das Lied der Arbeit, die heute ausgebeutet und geknechtet ist, doch morgen frei sein wird. Frei aus eigener Kraft!

Das Lied tönt auch von Weibeslippen. Millionen Frauen singen der Macht, die Herrschaftsgewalt über die Arbeitenden hat und doch nichts ist als ihr Geschöpf. Sie sind Lohnsklavinnen des Kapitals, das ihre Weibestugenden wie ihre Menschenrechte in seine Profitmühlen zermalmt. Millionen Frauen fluchen als Gattinnen und Mütter dem ausbeutenden Mammon, der ihre Männer knechtet und aussaugt, die Leiber und Geister ihrer Kinder mit Entbehrungen züchtigt und ihre Zukunft bedroht. Was ist des Lebens Erbteil für all die ungezählten Frauen, die kommende Geschlechter in ihrem Schoße tragen, die kommende Geschlechter mit ihrem Blute nähren, mit ihrem Herzen wärmen, mit ihrem Geiste erleuchten sollen? Schaut die gedrückten, kummervollen Gestalten, die abends mit angstklopfendem Herzen und bitterem Sinn dem Heim zueilen, um zur Erwerbstron des Tages die häusliche Arbeit in der Nacht zu fügen. Die bei dem Gedanken schaudern, daß die Krise oder eine Zufälligkeit des Marktes, eine Laune des Vorgesetzten das hart ermühte Stück Brot raubt oder schmälert. Die scheu, mit leerem Magen, in dünnen, häßlichen Gewändern zur Seite stehen, wenn vergoldete Herren und Damen in Equipagen vorüberfausen, die fremde Arbeit gebaut und bezahlt hat. Die darben und ihre kargen Mußestunden opfern, um ein paar Brocken Wissen zu erraffen und dürftige Strahlen der Naturherrlichkeit, des Kunstgenusses zu erhaschen. Die vor Krankheit und Alter mehr zittern als der Zuchthäusler und der schweren Stunde im Leben des Weibes mit quälenderer Sorge entgegensehen als die Jungfrau in Bethlehems Stall. Die mit lohendem Grimm in der Seele erleben, wie die kapitalistische Ausbeutung Eltern, Gatten, Brüder und Schwestern mit Skorpionen peitscht, wie sie lebendiges Menschentum zerkrampft und Talent und Tugend als Handelsartikel in den Kot zieht. Die den Tod im Herzen ihre Kinder sterben und – schlimmer noch! – verderben sehen. Die sich nicht einmal mit den gleichen Waffen wie ihre Brüder gegen Ausbeutung und Knechtschaft wehren können, weil sie Rechtlose sind im Rate der Gemeinde und des Staates.

sich immer häufiger öffentlich zu politischen und gesellschaftlichen Fragen, standen als Autorin, Lehrerin oder Journalistin im Licht der Öffentlichkeit und traten für eine Verbesserung der sozialen und politischen Stellung der Frauen ein. Auch an den Aufständen der Revolution von 1848/49 waren zahlreiche Frauen beteiligt. Das Niederschlagen der Revolution bedeutete für die Frauen nichts Gutes: Ihnen wurde das Versammlungsrecht genommen und es wurden Vereinsgesetze erlassen, die Frauen eine politische Betätigung untersagten. Fortan trafen sich Frauen in „Bildungsvereinen".

Als Geburtsstunde der organisierten (bürgerlichen) Frauenbewegung gilt die Gründung des Allgemeinen deutschen Frauenvereins (ADF) im Oktober 1865[8], der sich für die Rechte von Frauen einsetzte. Die bürgerliche Frauenbewegung stand für das Recht auf Erwerbsarbeit und das Recht auf Bildung, später für freie Berufswahl und die Zulassung zum Universitätsstudium. Andere Schwerpunkte setzte dagegen die proletarische Frauenbewegung, die die Arbeits- und Lebenssituation der Arbeiterinnen zu verbessern suchte. Deren Vertreterinnen wie Clara Zetkin sahen die Emanzipation der Frau im Zusammenhang mit einer gesamtgesellschaftlichen Umwälzung: Die Gleichberechtigung der Geschlechter sollte sich in einer sozialistischen Gesellschaft verwirklichen.

Erst 1917 gelang eine kurze Phase des Zusammenhaltens, um das Frauenwahlrecht durchzusetzen. In der Rückschau betrachtet, wird diese erste emanzipatorische Welle als Erste Deutsche Frauenbewegung bezeichnet, der ab 1968 die Neue Deutsche Frauenbewegung folgen sollte. Diese setzte thematische Schwerpunkte wie Abtreibung, die Kinderbetreuung, gleicher Lohn für gleiche Arbeit, Familienrecht und Gewalt gegen Frauen. Etwa ab 1990 ist eine „dritte Welle" auszumachen, die Frauen- und Genderfragen international im Kontext von Recht, Wirtschaft und Politik beleuchtet.

Während die verschiedenen Strömungen der Frauenbewegung sich an diesen Fragen abarbeiteten, wurde im entstehenden Deutschen Reich 1871 das allgemeine, gleiche, unmittelbare und geheime Wahlrecht eingeführt – für die Männer. Dutzende Frauenvereine forderten nun vehement politische Rechte für Frauen ein. Im März 1894 schlossen sich 34 davon zum Bund Deutscher Frauenvereine (BDF) zusammen. Als erste Partei nahm die SPD 1891 das Frauenstimmrecht in ihr Parteiprogramm auf.

BUND DEUTSCHER FRAUENVEREINE (BDF)

Durch den Nationalen Frauenrat in den USA inspiriert, trafen sich im März 1894 Vertreterinnen von 34 Frauenvereinen in Berlin, um einen Dachverband zu gründen: den Bund Deutscher Frauenvereine (BDF)[9]. Dieser wollte sich für Bildung und Ausbildung für Frauen stark machen, den Schutz von Arbeiterinnen vorantreiben und Frauen Beratung und Hilfestellung anbieten. Das Frauenstimmrecht war auch ein Ziel, das allerdings in weiter Ferne schien.

Von Beginn an litt der BDF darunter, dass die angehörenden Vereine und Strömungen zu unterschiedliche Interessen fokussierten. Zwar wollte sich der BDF auch für die Interessen von Arbeiterinnen und Dienstmädchen einsetzen, dennoch stand er vor allem für Bildung und politische Interessen der bürgerlichen Frauen. Da auch die Angst groß war, der BDF könnte als politisch eingestuft und dann verboten werden, durften sozialistische Frauenvereine nicht Mitglied werden. Bis zum Beginn des Ersten Weltkriegs entwickelte sich der

BDF zu einer Organisation, der über 2.000 Vereine und über eine halbe Million Mitglieder angehörten. Neben den genannten Themen forderte der BDF eine staatliche Regulierung der Prostitution und eine Reform des Hebammenwesens. Zum Paragrafen 218, der Abtreibung mit Zuchthaus bestrafte, und zur Frage des Wahlrechts für Frauen gab es innerhalb des BDF sehr unterschiedliche Ansichten. 1899 entstand deshalb ein Gegenverband zum BDF, der Verband Fortschrittlicher Frauenvereine (VFF), der sich aus einem radikalen Flügel der Frauenbewegung rund um Minna Cauer und Anita Augspurg herausbildete. Der VFF verstand sich als politisch, wollte ebenso wahrgenommen werden und scheute auch eine Annäherung an die sozialistischen Frauenvereine nicht. 1907 gelang es, auch den VFF in den BDF zu integrieren.

Die Unterschiedlichkeit der Strömungen innerhalb des BDF verlor durch die Nationalisierung der Frauenbewegung im Ersten Weltkrieg an Bedeutung. Der BDF konzipierte einen „Nationalen Frauendienst", der einen Großteil der deutschen Frauen, von der konservativen Katholikin bis zur progressiven Sozialdemokratin, für die „Heimatfront" einspannte. Mit gewachsenem Selbstbewusstsein trat der BDF deshalb in die ab 1916 entzündete politische Debatte über die politische Neuorientierung ein. Die Denkschrift *Die Stellung der Frau in der politisch-sozialen Neugestaltung Deutschlands* (1917) forderte selbstbewusst eine volle staatsbürgerliche Gleichberechtigung der Frau auf allen Ebenen.

Die Nationalsozialisten erzwangen die Auflösung des BDF. Seit 1951 versteht sich der Deutsche Frauenrat als Nachfolgeorganisation des BDF und ist heute die größte frauenpolitische Lobby in Deutschland.

AUFBRUCH UM DIE JAHRHUNDERTWENDE

1904 trafen sich auf Einladung des BDF Vertreterinnen bürgerlicher Frauenverbände aus 25 Ländern in Berlin. Über tausend Frauen tauschten sich über die Frauenbildung, Frauenarbeit und Berufe für Frauen sowie die rechtliche Stellung der Frau aus. Die sozialistische Frauenbewegung nahm nicht teil. Im Rahmen dieses Frauenkongresses fand auch eine Internationale Frauenstimmrechtskonferenz statt, auf dem der Weltverband für Frauenstimmrecht gegründet wurde. 1907 erschien erstmals die *Zeitschrift für Frauenstimmrecht*. Ein erster Erfolg der Frauenverbände war, dass Frauen ab 1908 in politische Vereinigungen und Parteien eintreten und politische Vereine gründen durften.

Als der deutsche Kaiser Wilhelm II. 1917 in seiner Osterbotschaft eine Wahlrechtsreform nach dem Krieg versprach und wiederum die Frauen nicht mitdachte, kämpften erstmals bürgerliche und sozialistische Frauenverbände gemeinsam.[10] Sie forderten in den folgenden Monaten lautstark, das Stimmrecht für Frauen einzuführen. Wenige Wochen später war der Erste Weltkrieg verloren, die deutsche Monarchie Geschichte, der Kaiser weilte im Exil. Ein Rat der Volksbeauftragten übernahm die Regierung. Dieser veröffentlichte am 12. November 1918 einen Aufruf an alle Deutschen, der festhielt, dass zukünftig „alle Wahlen zu öffentlichen Körperschaften (…) fortan nach dem gleichen, geheimen, direkten, allgemeinen Wahlrecht auf Grund des proportionalen Wahlsystems für alle mindestens 20 Jahre alten männlichen und weiblichen Personen zu vollziehen (sind)"[11].

GERECHTIGKEIT ERHÖHT EIN VOLK!

ZEITSCHRIFT FÜR FRAUEN-STIMMRECHT

Erscheint am 1. jeden Monats als selbstständige Zeitschrift und als Beilage der „Frauenbewegung".

Preis vierteljährlich 50 Pf.

— Abonnements —
nehmen alle Buchhandlungen und Postanstalten entgegen.

Herausgegeben von
Dr. jur. Anita Augspurg.

Zeitschrift für die politischen Interessen der Frau.
Publikationsorgan des Deutschen Verbandes für Frauenstimmrecht und seiner Zweigvereine.

Inserate:
Die 4gespaltene Petitzeile 40 Pf., Stellenangebote 20 Pf.
Expedition: Berlin C. 19, Grünstrasse 4.

Verlag:
W. & S. Loewenthal, Verlagsbuchhandlung,
Berlin C. 19, Grünstrasse 4.

| 2. Jahrgang. | Berlin, den 1. März 1908. | No. 3. |

Abdruck nur mit Quellenangabe und Zustimmung des Verfassers gestattet.

Aufruf

der Ortsgruppe Berlin des Deutschen Verbandes für Frauen-Stimmrecht.

Männer und Frauen Preußens!

Am 10. Januar ist von der Regierung im Preussischen Abgeordnetenhause eine Erklärung abgegeben worden, die die Entrechtung des preussischen Volkes wieder für lange Zeit festlegt!
Männer und Frauen Preussens! Tretet gemeinsam und vereint ein in den Kampf für das

allgemeine, gleiche, geheime und direkte Wahlrecht.

Preussen ist der mächtigste Staat Deutschlands. Seine Rückständigkeit lastet auf dem Reich und den andern Bundesstaaten.
Es ist Ehrenpflicht der freiheitliebenden und gerechtdenkenden Männer und Frauen Preussens, — welcher Partei und welchem Stande sie auch angehören mögen, — gemeinsam für Erlangung des

allgemeinen, gleichen, geheimen und direkten Wahlrechts

zu kämpfen.

Wer sich von dem Kampf fern hält, untergräbt die Grundrechte des Volkes und begeht einen Verrat an ihnen!
Deutschlands Einigung ist nach unsäglich schweren Kämpfen durch das Volk errungen worden.
Das allgemeine, gleiche, geheime und direkte Wahlrecht in Staat und Gemeinde allein bietet dem Volke die Gewähr dafür, dass ihm diese mühsam errungene Einigung und seine Rechte nicht wieder verloren gehen.
Dem preussischen Volke aber ist am 10. Januar erklärt worden, dass es rechtlos bleiben soll.
Männer und Frauen Preussens! Schliesst Euch den Männern und Frauen an, die den Kampf für das

allgemeine, gleiche, geheime und direkte Wahlrecht

ernsthaft aufnehmen wollen.

Es gilt, der Verkümmerung der politischen Rechte von Männern und Frauen entgegenzuwirken!
Es gilt, für Freiheit und Recht zu streiten!
Es gilt, die Gesetze des Landes zum Wohle des ganzen Volkes und durch den Willen des Volkes zu regeln!
Es gilt, Deutschland zu einem mächtigen, grossen, in sich gefestigten Staat auszubauen.

Darum Männer und Frauen Preussens:

Auf in den Kampf für das allgemeine, gleiche, geheime und direkte Wahlrecht.

19

Sitzung des Frauenkongresses mit Vorstandstisch.

Deutschland gehörte 1918 mit der Einführung des Wahlrechts für Frauen zur Avantgarde in Europa, denn nur wenige Länder – Finnland, Norwegen, Dänemark und Island – hatten das Frauenwahlrecht bereits eingeführt. Selbst altehrwürdige Demokratien führten das Frauenwahlrecht später ein, Großbritannien etwa 1928 oder Frankreich sogar erst 1944.

FRAUEN ALS WÄHLERINNEN

Die Wahl zur verfassungsgebenden Nationalversammlung am 19. Januar 1919 war die erste große Wahl, bei der Frauen in Deutschland wählen durften und gewählt werden konnten. Die Wahlbeteiligung der Frauen lag bei fast 88 Prozent. Über 300 Frauen kandidierten, von denen 37 in die Nationalversammlung einzogen. Der Frauenanteil von 8,7 Prozent aller Abgeordneten wurde danach erstmals wieder im Bundestag 1983 erreicht.[12]

Auch die Geschichte der weiteren Frauenrechte, die auf das Wahlrecht folgten, war von Höhen und Tiefen geprägt. Im Nationalsozialismus wurden wichtige Errungenschaften der ersten Parlamentarierinnen rückgängig gemacht, die Frau auf die Rollen Ehefrau und Mutter reduziert.[13] Nach den dunklen Jahren mussten zwei Verfassungen für nun zwei deutsche Staaten erarbeitet werden. Die DDR-Verfassung von 1949 hielt fest: „Mann und Frau sind gleichberechtigt. Alle Gesetze und Bestimmungen, die der Gleichberechtigung der Frau entgegenstehen, sind aufgehoben." Die BRD-Variante dagegen lautete schlicht: „Männer und Frauen sind gleichberechtigt." Nur nach und nach fand das Eingang ins Bürgerliche Gesetzbuch. So wurde etwa der „Gehorsamsparagraf" erst 1957 gestrichen, die Vergewaltigung in der Ehe ist erst seit 1997 eine Straftat.[14]

Mit der Bundeskanzlerin Angela Merkel kam 2005 zwar eine Frau an die Spitze Deutschlands, doch die deutschen Parlamente in West- wie

Hausfrauen!

Die Regierung hat allen Frauen, die über 20 Jahre alt sind, das Wahlrecht gegeben! Nun gilt es, sich an der

Wahl zur Nationalversammlung

zu beteiligen! Die Nationalversammlung hat über den Aufbau des deutschen Staats zu entscheiden!

Was wollt Ihr Hausfrauen vom deutschen Staat?

Wollt Ihr wieder eine geregelte, **bessere Ernährung?** Dann wählt!

Wollt Ihr **Eure Kinder** in guten Schulen, in einem geordneten Staatswesen aufwachsen sehen, wollt Ihr für die Mädchen gründliche hauswirtschaftliche Ausbildung? **Dann wählt!**

Wollt Ihr freundliche Wohnungen, Vorsorge für die **Gesundheit** jedes Einzelnen und den Ausbau der sozialen Gesetzgebung? **Dann wählt!**

Wollt Ihr ein gutes Familieneinkommen, eine **eigene Häuslichkeit,** in der Ihr selbständig wirtschaften, selbst für Eure Familien kochen könnt? **Dann wählt!**

Auch im Haushalt des Staates muß in den Fragen der Ernährung und Kleidung, der Wohnung und der Kindererziehung die Frau raten und helfen.

Euer eigener Haushalt hängt vom Staatshaushalt ab!

Die Erfüllung Eurer Wünsche ist nur möglich, wenn Ihr die Zusammensetzung der

Nationalversammlung

mitbestimmt! Hier wird die Grundlage zum Glück jedes deutschen Mannes, jeder deutschen Frau geschaffen!

Hausfrauen! Sucht Euch Aufklärung bei Euern Männern, bei Personen die Ihr schätzt, lernt in Euern Vereinen, in Versammlungen, aus der Zeitung!

Wer seine Familie liebt, wer Freude an der Arbeit im eigenen Haushalt hat, wer das Beste seines Volkes will, der wähle!

Keine Hausfrau darf am Wahltage ihre Pflicht versäumen!

Hausfrauen aller Stände, rüstet Euch zur Wahl!

Ausschuß der Frauenverbände Deutschlands

(Vorbereitung der Frauen für die Nationalversammlung)

Berlin W 30, Barbarossastraße 65.

Nr. 8

Deutscher
Staatsbürgerinnen-Verband

in Ostdeutschland waren und sind vorrangig mit Männern besetzt. Erst seit 1998 liegt der Anteil der Frauen im Deutschen Bundestag bei knapp über 30 Prozent (und war mit 36,3 Prozent am höchsten in der Wahlperiode 2013 bis 2017). Noch in keinem deutschen Parlament seit 1919, weder auf Kommunal-, noch auf Länder- oder Bundesebene, waren Frauen zahlenmäßig je gleich vertreten wie Männer.

Was soll die Frau in der Politik?

1. Den Männerzank vermindern!
2. Die Volkseinheit erhalten.
3. Den Volksstaat für alle wohnlich machen!
4. Die Volksschule in Stadt und Land bessern!
5. Die Volkssitte und Volksgesundheit pflegen!
6. Sich selbst als Bürgerin fühlen!

Fr. Naumann.

Ausschuß der Frauenverbände Deutschlands
(Vorbereitung der Frauen für die Nationalversammlung)
Berlin W. 30, Barbarossa-Straße 65

Nationalversammlung in Weimar.
Die weiblichen Mitglieder des Zentrums.

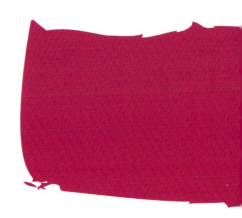

WEG BEREITERINNEN

Als Initiatorin der organisierten Frauenbewegung in Deutschland gilt **Louise Otto-Peters**[15]. 1819 wurde sie in Meißen geboren. Wie für Mädchen ihrer Zeit üblich, besuchte sie nach Abschluss der höheren Mädchenschule keine weiteren Bildungseinrichtungen, bildete sich aber im autodidaktischen Studium selbst weiter. Nach dem Tod ihrer Eltern war sie dank des Erbes finanziell unabhängig und wurde Schriftstellerin. Die schwierigen Lebensbedingungen, das soziale Elend insbesondere der Arbeiterinnen thematisierte sie mehrfach in ihren Texten, was die Zensurbehörden auf sie aufmerksam machte. Selbst Hausdurchsuchungen und die Verhaftung ihres Verlobten und späteren Ehemannes August Peters 1849 hielten sie nicht davon ab, bis zu deren Verbot die „Frauen-Zeitung" herauszugeben (1849 bis 1853).

Nach August Peters' Entlassung 1858 heiratete das Paar. Ihnen blieben nur wenige gemeinsame Jahre, Peters verstarb 1864. Ein Jahr später begründete Louise Otto-Peters gemeinsam mit anderen den Leipziger Frauenbildungsverein, der den Auftakt für eine deutschlandweite organisierte Frauenbewegung setzte. Zudem war Louise Otto-Peters über 30 Jahre lang die Vorsitzende des Allgemeinen Deutschen Frauenvereins (ADF).

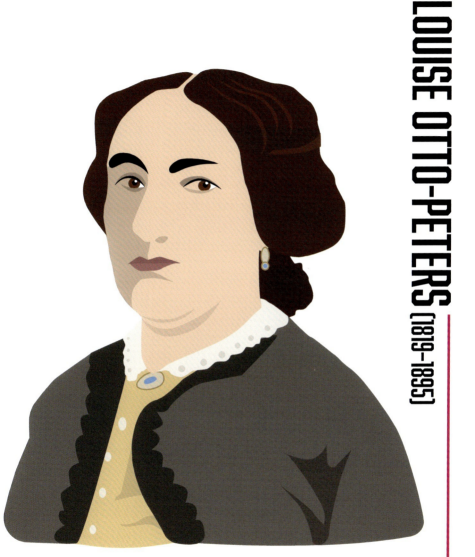

LOUISE OTTO-PETERS (1819–1895)

Als eine der bedeutendsten Vordenkerinnen der historischen Frauenbewegung forderte **Hedwig Dohm**[16], geborene Schlesinger, bereits 1873 das Stimmrecht für Frauen („Wahlrecht ist Menschenrecht") und kämpfte für die rechtliche, soziale und ökonomische Gleichstellung der Frauen.

Sie war das elfte von achtzehn Kindern eines Tuchfabrikanten und musste mit 15 Jahren die Schule verlassen. Mit 18 Jahren trotzte sie den Eltern eine Ausbildung zur Lehrerin ab. Sie heiratete Wilhelm Ernst Dohm, den späteren Chefredakteur der Satirezeitschrift „Kladderadatsch". Über ihn erhielt sie Zugang zu den intellektuellen Kreisen Berlins. Im Salon des Ehepaares Dohm waren Alexander von Humboldt, Franz Liszt, Theodor Fontane und viele weitere kluge und kreative Köpfe jener Zeit zu Gast.

1876 forderte Hedwig Dohm in ihrer Schrift *Der Frauen Natur und Recht* die Frauen in Deutschland auf, für ihr Wahlrecht zu kämpfen: „Oder will die deutsche Frau, das immermüde Dornröschen, ewig schlafen? (…) Erwachet, wenn Ihr Grimm genug habt, Eure Erniedrigung zu fühlen und Verstand genug, um die Quellen Eures Elends zu erkennen. Fordert das Stimmrecht, denn nur über das Stimmrecht geht der Weg zur Selbstständigkeit und Ebenbürtigkeit, zur Freiheit und zum Glück der Frau."[17]

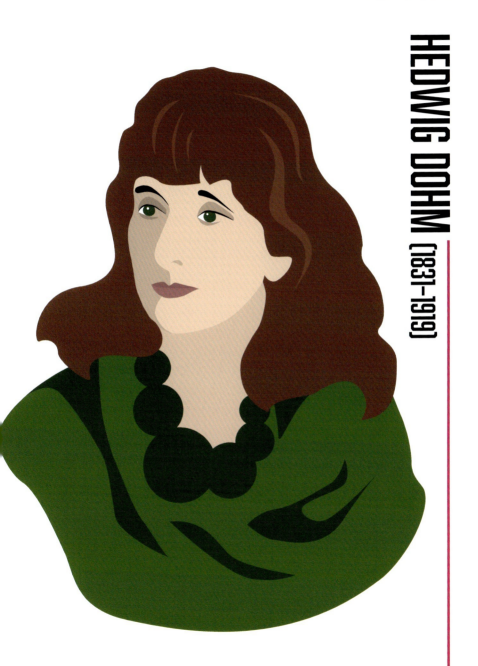

HEDWIG DOHM (1831–1919)

Die Frauenrechtlerin und Publizistin **Minna Cauer**[18] gehört zu den bekanntesten Vertreterinnen des radikalen Flügels der Frauenbewegung. Sie wurde 1841 im brandenburgischen Freyenstein als Pfarrerstochter geboren. Ihren Wunsch, Lehrerin zu werden, erfüllten ihr die Eltern nicht, vielmehr heiratete sie 1862 standesgemäß einen Arzt. Der gemeinsame Sohn verstarb 1865, Minnas Mann 1866. Minna holte das Lehrerinnenexamen nach und zog nach Paris.

1869 kehrte sie nach Deutschland zurück und fand in Hamm ein neues Wirkungsfeld. Der Direktor der Mädchenschule, an der sie arbeitete, wurde ihr zweiter Ehemann. Eduard Cauer setzte sich für eine Reform der Frauenbildung ein und sollte Minna ein Weggefährte werden. Nach seinem Tod zog sie nach Dresden, arbeitete als Lehrerin und publizierte anonym zu Frauenrechten. Als sie 1888 eingeladen wurde, den „Verein Frauenwohl" zu gründen, sagte sie zu und wurde Vorsitzende. In der Vereinszeitschrift „Die Frauenbewegung", die ab 1895 bis 1919 erschien, nahm sie Stellung zu Themen der Frauenbewegung, insbesondere auch zum Frauenwahlrecht. 1902 wurde sie Vorsitzende des „Deutschen Vereins für Frauenstimmrecht". Minna Cauer war 77 Jahre alt, als die Einführung des Wahlrechts für Frauen beschlossen wurde.

MINNA CAUER (1841–1922)

Helene Lange[19] war eine einflussreiche Figur der bürgerlichen Frauenbewegung. Mit 16 Jahren Vollwaise, musste sie ihre Volljährigkeit abwarten, bevor sie mit dem ererbten Vermögen nach Berlin ziehen und dort eine Ausbildung zur Lehrerin beginnen konnte. Ihre Arbeit als Lehrerin an höheren Töchterschulen machte ihr die großen Defizite in der Mädchenbildung bewusst. Bürgerliche Mädchen wurden hier ausschließlich auf ein Leben als Ehefrau vorbereitet. Helene Lange kämpfte dafür, Mädchen eine gleichwertige Ausbildung wie Jungen zukommen zu lassen. Ihre Schrift „Die höhere Mädchenschule und ihre Bestimmung" (1888) löste eine Debatte um die Bildung von jungen Frauen aus. Ab 1889 bot sie diesen nach dem Besuch der höheren Töchterschule sogenannte „Realkurse" an, die auf das Abitur vorbereiten sollten. Dieses durften Mädchen aber erstmals 1908 ablegen.

Ihre 1893 gegründete Zeitschrift „Die Frau – Monatsschrift für das gesamte Frauenleben" war ein Kommunikationsmedium der bürgerlichen Frauenbewegung. Lange engagierte sich in mehreren Frauenorganisationen und setzte sich bereits 1896 öffentlich für das Frauenwahlrecht ein. Mit Gertrud Bäumer, die seit 1900 mit ihr zusammenlebte, gab sie ein fünfbändiges „Handbuch der Frauenbewegung" heraus. Als Mitglied der liberalen Deutschen Demokratischen Partei erlebte Helene Lange 1919 noch die Einführung des Frauenwahlrechts. 1923 verlieh ihr die Universität Tübingen die Ehrendoktorwürde.

HELENE LANGE (1848–1930)

Dank ihrer liberalen Eltern, die ihr Unterricht durch private Lehrer ermöglichten, genoss **Marie Stritt**[20] eine umfassende Bildung, die für Mädchen ihrer Zeit sehr ungewöhnlich war. Von 1874 bis 1876 absolvierte sie in Wien die Schauspielschule und gehörte dann zu den ersten professionell ausgebildeten Schauspielerinnen. Sie spielte zunächst am Hoftheater Karlsruhe, dann am Frankfurter Stadttheater, trat dann nach der Geburt ihrer beiden Kinder nur noch selten bei Gastspielen auf.

Ab den 1890er-Jahren interessierte sie sich für Frauenrechtsfragen. Sie begründete 1894 eine erste Frauenrechtsschutzstelle in Dresden, die Frauen und Mädchen eine unentgeltliche Beratung etwa in arbeits- oder mietrechtlichen Fragen bot. Bis 1914 entstanden daraufhin 130 weitere Rechtsschutzstellen in Deutschland. Mit dem „Frauenlandsturm" organisierte sie die erste (leider erfolglose) Massenbewegung von Frauen in Deutschland, die sich gegen das entstehende Bürgerliche Gesetzbuch (BGB) auflehnte, weil dieses Frauen keine zivilen Rechte zugestand.

In der Hochphase der bürgerlichen Frauenbewegung war sie die Vorsitzende des Bundes Deutscher Frauenvereine (BDF). Ab 1910 setzte sie sich explizit für das Frauenstimmrecht ein. Von 1911 bis 1919 war sie die Vorsitzende des Deutschen Verbandes für Frauenstimmrecht. In den letzten Jahren ihres bewegten Lebens engagierte sie sich in der linksliberalen Deutschen Demokratischen Partei (DDP) und war von 1920 bis 1922 Stadträtin in Dresden.

MARIE STRITT (1855–1928)

Ein schillerndes und für ihre Zeit außergewöhnliches Leben führte **Anita Augspurg**[21]. Sie begründete, nach ersten Versuchen als Schauspielerin, 1887 gemeinsam mit ihrer Lebenspartnerin ein erfolgreiches Fotoatelier. Augspurg tat vieles, was sich für eine Frau ihrer Zeit nicht schickte: Sie trug kurze Haare und Hosen, fuhr Fahrrad und ritt im „Herrensitz" auf Pferden.

Nach ersten Berührungspunkten mit der Frauenbewegung in München entschied sie sich für ein Jurastudium, das sie in Zürich absolvierte, weil ein solches in Deutschland Frauen noch nicht zugänglich war. Sie schloss es 1897 mit einer Promotion ab und war damit die erste Juristin Deutschlands. 1902 gründete sie, eine Gesetzeslücke nutzend[22], den „Deutschen Verband für Frauenstimmrecht", dessen Präsidentin sie bis 1911 war. Ab 1904 war sie die Vizepräsidentin des „Weltbundes für Frauenstimmrecht". Zudem redigierte sie ab 1907 bis 1914 die *Zeitschrift für Frauenstimmrecht*.

ANITA AUGSPURG (1857–1943)

Als prägende Figur der proletarischen Frauenbewegung gab **Clara Zetkin**[23], geborene Eißner, ab 1892 die sozialdemokratische Frauenzeitschrift *Die Gleichheit. Zeitschrift für die Interessen der Arbeiterinnen* heraus. Bekannt wurde sie außerdem als Begründerin des Internationalen Frauentages[24], der 1911 erstmals begangen wurde. Den Nachnamen ihres ukrainischen Lebenspartners Ossip Zetkin nahm sie ohne Eheschließung an. Sie kämpfte für die ökonomische Unabhängigkeit der Arbeiterinnen, für das Recht auf gleichen Lohn bei gleicher Arbeit und für gleiche politische Rechte. Selbst bürgerlicher Herkunft, grenzte sie sich von der bürgerlichen Frauenbewegung ab, weil ihr deren Forderungen nicht weit genug reichten. Umgekehrt galt sie der bürgerlichen Öffentlichkeit als „rote Emanze". 1919 gründete sie gemeinsam mir Rosa Luxemburg und anderen die Kommunistische Partei Deutschlands und war bis zu ihrem Tod Abgeordnete im Reichstag.

CLARA ZETKIN (1857–1933)

Rosa Luxemburg[25] ist eine der schillerndsten Befürworterinnen des Frauenwahlrechts und Vertreterin des linken Flügels innerhalb der Frauenbewegung. Die promovierte Staats-und Wirtschaftswissenschaftlerin war in Polen groß geworden, das sie nach dem Abitur verließ, um einer Verhaftung wegen politischen Engagements zu entgehen. Studiert hatte sie in der Schweiz. 1898 zog sie nach Berlin, wo sie sich bald an die Spitze der deutschen und internationalen Arbeiterbewegung setzte. Als kluge und leidenschaftliche Rednerin sowie Theoretikerin der jungen Generation provozierte sie 1914, zusammen mit Karl Liebknecht, Franz Mehring, Clara Zetkin und anderen die Spaltung der SPD. Ihre Ablehnung des Krieges und ihre Aufrufe zur Befehlsverweigerung führten 1914 zu einer Haftstrafe. Als sie im November 1918 aus dem Gefängnis entlassen wurde, erlebte sie in Berlin die Ausrufung der Räterepublik. Im Januar 1919 war sie an der Gründung der Kommunistischen Partei Deutschlands (KPD) beteiligt, deren erstes Programm sie verfasste. Am 15. Januar 1919 wurde sie zusammen mit Karl Liebknecht von deutschen Soldaten ermordet, die ihre Leiche in den Berliner Landwehrkanal warfen. Erst Monate später wurde diese geborgen.

ROSA LUXEMBURG (1871–1919)

Die erste Frau, die je in einer deutschen Nationalversammlung ans Rednerpult trat, war **Marie Juchacz**[26], geborene Gohlke. In jungen Jahren arbeitete sie als Dienstmädchen und Fabrikarbeiterin. Sie sparte trotz der mageren Einkünfte Geld, um sich eine Lehre als Schneiderin zu finanzieren. Marie Juchacz zog nach ihrer Scheidung 1906 mit ihren zwei kleinen Kindern nach Berlin. Nach der Aufhebung des Verbots politischer Betätigung für Frauen trat die alleinerziehende Mutter in die SPD ein. Später wurde sie Mitglied des Parteivorstands, Leiterin des Frauensekretariats und Begründerin der Arbeiterwohlfahrt (AWO).

Am 19. Februar 1919 hielt sie als erste Frau in einem deutschen Parlament eine Rede in der Weimarer Nationalversammlung. Mit der ungewöhnlichen Anrede „Meine Herren und Damen!" löste sie laut Protokoll zunächst „Heiterkeit" aus, hielt aber unbeirrt und selbstbewusst im Hinblick auf das erst vor Kurzem errungene Wahlrecht für Frauen fest: „Was diese Regierung getan hat, das war eine Selbstverständlichkeit: sie hat den Frauen gegeben, was ihnen bis dahin zu Unrecht vorenthalten worden ist."[27]

MARIE JUCHACZ (1879–1956)

Als Tochter eines Volksschullehrers, der sich für die Zentrumspartei engagierte, kam **Helene Weber**[28] sowohl mit dem Lehrerberuf als auch mit der Politik schon in jungen Jahren in Berührung. Sie wurde Lehrerin, entschied sich mit der Öffnung der Universitäten für Frauen dann noch zu einem Studium, das sie von 1905 bis 1909 in Bonn und Grenoble absolvierte. Sie gehörte damit zur ersten Generation deutscher Studentinnen. Anschließend war sie in Bochum und Köln als Oberlehrerin tätig. 1911 trat sie dem Verband für Frauenstimmrecht bei.

Ab 1916 leitete sie die erste Soziale Frauenschule in Köln. Ab 1919 war sie eine der ersten deutschen Parlamentarierinnen – sie zog als Abgeordnete der Zentrumspartei in die Weimarer Nationalversammlung ein. Ab 1925 gehörte sie dem Vorstand des Zentrums an, ab 1930 war sie stellvertretende Vorsitzende. Politisch waren ihr der Schutz von Ehe und Familie, der Kampf für das Elternrecht sowie die Lohngleichheit von Männern und Frauen wichtig.

In den dunklen Jahren des Nationalsozialismus zur Untätigkeit gezwungen, setzte sie sich nach 1945 ein zweites Mal für den Aufbau der Demokratie in Deutschland ein, zunächst im Landtag von Nordrhein-Westfalen. 1948 wurde sie als CDU-Vertreterin in den Parlamentarischen Rat gewählt, wo sie als eine von vier Frauen das Grundgesetz für die Bundesrepublik Deutschland mitgestaltete. Sie gilt damit als eine der „Mütter des Grundgesetzes", die erwirkt haben, dass der Satz „Männer und Frauen sind gleichberechtigt" in der Verfassung steht.

HELENE WEBER (1881–1962)

CHRONOLOGISCHE ÜBERSICHT

1871 Mit der Gründung des Deutschen Kaiserreiches haben bei den Wahlen zum Reichstag nun alle Männer ab 25 Jahren ein geheimes und direktes Wahlrecht. Frauen sind von den Wahlen ausgeschlossen.

 1789 „Freiheit, Gleichheit, Brüderlichkeit" sind die Forderungen in der Französischen Revolution – allerdings nur für Männer.

 1902 In Hamburg gründen engagierte Frauen den Verein für Frauenstimmrecht.

1891 Auf dem Parteitag der SPD wird die Gleichberechtigung von Männern und Frauen erstmals in ein Parteiprogramm aufgenommen.

1904 In Berlin findet ein Internation[al] Frauenkongres[s] mit über 2.00[0] Teilnehmerinn[en] statt.

18. MAI 1848 In der Paulskirche in Frankfurt am Main wird die Nationalversammlung gewählt. Das Wahlrecht bleibt „selbstständigen" Männern über 25 vorbehalten (ca. 80 Prozent aller Männer), Frauen dürfen nicht wählen.

1911 Erster Internationaler Frauentag, von Clara Zetkin initiiert. Eine zentrale Forderung ist das Frauenstimmrecht.

 1919 Am 19. Januar 1919 findet die Wahl zur Verfassungsgebenden Deutschen Nationalversammlung statt, bei der erstmals Frauen wählen dürfen und gewählt werden können. Die Wahlbeteiligung bei den Frauen liegt bei rund 88 Prozent. Fast 9 Prozent der gewählten Abgeordneten sind Frauen. Dieser Frauenanteil wird erstmals wieder 1983 in einem deutschen Parlament erreicht.

 1917 Als sich abzeichnet, dass Kaiser Wilhelm II. bei der anstehenden Stimmrechtsreform die Frauen nicht berücksichtigen will, legen Frauenvertreterinnen dem Preußischen Landtag die „Erklärung der Wahlrechtsfrage" vor.

Die Novemberrevolution stürzt das Kaiserreich und die Monarchie. Die Übergangsregierung des Rats der Volksbeauftragten erklärt am 12. November 1918 das aktive und passive Wahlrecht für Männer und Frauen.

 1918

 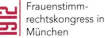 **1912** Frauenstimmrechtskongress in München

ANHANG

ANMERKUNGEN

1   Juchacz: Meine Herren und Damen!
2   Vgl. Bader-Zaar: Wahlrechtsdebatten international, S. 167. Näheres zum Frauenwahlrecht aus internationaler bzw. europäischer Perspektive vgl. Rodriguez-Ruiz/Rubio-Marin: The Struggle.
3   Vgl. Notz: Feminismus, S. 40-43.
4   Gouges: Deklaration der Rechte der Frau.
5   Zu Olympe de Gouges vgl. Wolff: Unsere Stimme zählt!, S. 18-23.
6   Näheres zu den Lebensbedingungen von Frauen im Kaiserreich vgl. Koblitz: In der Männergesellschaft, S. 28-31.
7   Zur Geschichte der deutschen Frauenbewegung siehe Gerhard: Unerhört.
8   Wolff: Ziele, Organisation und Entwicklung, S. 70-72.
9   Zum BDF vgl. Stoehr: Bund Deutscher Frauenvereine (BDF).
10 Siehe dazu und zum Folgenden Wolff: Wir wollen wählen!, S. 77 und Wolff: Unsere Stimme zählt!, S. 119-122.
11 Nachzulesen unter https://weimar.bundesarchiv.de/WEIMAR/DE/Content/Dokumente-zur-Zeitgeschichte/1918-11-12_aufruf-frauen-wahlrecht.html.
12 Vgl. Glück: 100 Jahre Frauenwahlrecht, S. 4 f.
13 Zur Rolle der Frau im Nationalsozialismus siehe Notz: Feminismus, S. 59-61.
14 Zur Entwicklung der Frauenrechte in beiden deutschen Staaten siehe Schüller: Die Festschreibung, S. 232-235 und Notz: Politikerinnen in der BRD und DDR, S. 236-239.
15 Siehe zu Louise Otto-Peters Wolff: Louise Otto-Peters, S. 45, Wolff: Unsere Stimme zählt!, S. 25-41.
16 Siehe zu Hedwig Dohm Wolff: Hedwig Dohm, S. 51, Wolff: Unsere Stimme zählt!, S. 43-53.
17 Dohm: Der Frauen Natur und Recht, S. 97.
18 Siehe zu Minna Cauer Geyken: Minna Cauer, S. 49.

19 Siehe zu Helene Lange Schaser: Helene Lange, S. 91, Wolff: Unsere Stimme zählt!, S. 63-69.

20 Siehe zu Marie Stritt Schüller: Marie Stritt, S. 47.

21 Siehe zu Anita Augspurg Koblitz: Anita Augspurg, S. 87, Dünnebier/Scheu: Die Rebellion ist eine Frau.

22 Vgl. Wolff: Unsere Stimme zählt!, S. 72.

23 Siehe zu Clara Zetkin Jung: Clara Zetkin, S. 89, Wolff: Unsere Stimme zählt!, S. 91-96.

24 Zur Einführung und Entwicklung des Internationalen Frauentages siehe Wolff: Unsere Stimme zählt!, S. 85-97.

25 Siehe zu Rosa Luxemburg Jung: Rosa Luxemburg, S. 129, Piper: Rosa Luxemburg.

26 Siehe zu Marie Juchacz Linnemann: Marie Juchacz, S. 173, Wolff: Unsere Stimme zählt!, S. 145-148.

27 Juchacz: Meine Herren und Damen!

28 Siehe zu Helene Weber Geyken: Helene Weber, S. 177.

LITERATURVERZEICHNIS

Bader-Zaar, Birgitta: Wahlrechtsdebatten international, gestern und heute. In: Damenwahl! 100 Jahre Frauenwahlrecht. Begleitbuch zur Ausstellung im Historischen Museum Frankfurt. Hg. v. Dorothee Linnemann, Frankfurt am Main 2018, S. 166-169.

Dohm, Hedwig: Der Frauen Natur und Recht. Zur Frauenfrage zwei Abhandlungen über Eigenschaften und Stimmrecht der Frauen. Hg. v. Karl-Maria Guth, Berlin 2015.

Dünnebier, Anna/Scheu, Ursula: Die Rebellion ist eine Frau. Anita Augspurg und Lida Gustava Heymann, München 2002.

Gerhard, Ute: Unerhört. Die Geschichte der deutschen Frauenbewegung, Reinbek 1990.

Geyken, Frauke: Minna Cauer. Publizistin und Pazifistin. In: Damenwahl! 100 Jahre Frauenwahlrecht. Begleitbuch zur Ausstellung im Historischen Museum Frankfurt. Hg. v. Dorothee Linnemann, Frankfurt am Main 2018, S. 48 f.

Geyken, Frauke: Helene Weber. Konservative Politikerin und eine der Mütter des Grundgesetzes. In: Damenwahl! 100 Jahre Frauenwahlrecht. Begleitbuch zur Ausstellung im Historischen Museum Frankfurt. Hg. v. Dorothee Linnemann, Frankfurt am Main 2018, S. 176 f.

Glück, Elisabeth: 100 Jahre Frauenwahlrecht in Deutschland. Frauen sind in deutschen Parlamenten auch 100 Jahre nach Einführung des Frauenwahlrechts unterrepräsentiert. In: Statistisches Monatsheft Baden-Württemberg 10/2018, S. 3-13.

Gouges, Olympe Marie de: Deklaration der Rechte der Frau und Bürgerin (1791). In neuer Übersetzung nachzulesen unter: https://arsfemina.de/die-frau-ist-frei-geboren/frühfeminismus-frankreich.

Juchacz, Marie: Meine Herren und Damen! Nachzulesen unter: https://www.bundestag.de/dokumente/textarchiv/2019/kw03-frauenwahlrecht-rezitation-587156.

Jung, Jenny: Clara Zetkin. Im Klassenkampf zur Befreiung der Frau. In: Damenwahl! 100 Jahre Frauenwahlrecht. Begleitbuch zur Ausstellung im Historischen Museum Frankfurt. Hg. v. Dorothee Linnemann, Frankfurt am Main 2018, S. 88 f.

Jung, Jenny: Rosa Luxemburg. Leidenschaftliche Politikerin und marxistische Theoretikerin. In: Damenwahl! 100 Jahre Frauenwahlrecht. Begleitbuch zur Ausstellung im Historischen Museum Frankfurt. Hg. v. Dorothee Linnemann, Frankfurt am Main 2018, S. 128 f.

Koblitz, Katja: In der Männergesellschaft: Zur Lage von Frauen im Kaiserreich. In: Damenwahl! 100 Jahre Frauenwahlrecht. Begleitbuch zur Ausstellung im Historischen Museum Frankfurt. Hg. v. Dorothee Linnemann, Frankfurt am Main 2018, S. 28-35.

Koblitz, Katja: Anita Augspurg. Juristin, Radikale und Pazifistin. In: Damenwahl! 100 Jahre Frauenwahlrecht. Begleitbuch zur Ausstellung im Historischen Museum Frankfurt. Hg. v. Dorothee Linnemann, Frankfurt am Main 2018, S. 86 f.

Linnemann, Dorothee (Hg.): Damenwahl! 100 Jahre Frauenwahlrecht. Begleitbuch zur Ausstellung im Historischen Museum Frankfurt, Frankfurt am Main 2018.

Linnemann, Dorothee: Marie Juchacz. Sozialpolitikerin und Gründerin der Arbeiterwohlfahrt. In: Damenwahl! 100 Jahre Frauenwahlrecht. Begleitbuch zur Ausstellung im Historischen Museum Frankfurt. Hg. v. Dorothee Linnemann, Frankfurt am Main 2018, S. 172 f.

Notz, Gisela: Feminismus, Köln 2011.

Notz, Gisela: Politikerinnen in der BRD und DDR – 1945 bis heute. In: Damenwahl! 100 Jahre Frauenwahlrecht. Begleitbuch zur Ausstellung im Historischen Museum Frankfurt. Hg. v. Dorothee Linnemann, Frankfurt am Main 2018, S. 236-239.

Piper, Ernst: Rosa Luxemburg. Ein Leben, München 2019.

Rodriguez-Ruiz, Blanca/Rubio-Marin, Ruth (Hg.): The Struggle for Female Suffrage in Europe. Voting to Become Citizens, Leiden 2012.

Schaser, Angelika: Helene Lange. Pädagogin, Politikerin, Publizistin. In: Damenwahl! 100 Jahre Frauenwahlrecht. Begleitbuch zur Ausstellung im Historischen Museum Frankfurt. Hg. v. Dorothee Linnemann, Frankfurt am Main 2018, S. 90 f.

Schüller, Elke: Marie Stritt. Charismatische Grenzgängerin der Frauenbewegung. In: Damenwahl! 100 Jahre Frauenwahlrecht. Begleitbuch zur Ausstellung im Historischen Museum Frankfurt. Hg. v. Dorothee Linnemann, Frankfurt am Main 2018, S. 46 f.

Schüller, Elke: Die Festschreibung der zivilrechtlichen Gleichberechtigung der Frauen in den Verfassungen der beiden neuen deutschen Staaten. In: Damenwahl! 100 Jahre Frauenwahlrecht. Begleitbuch zur Ausstellung im Historischen Museum Frankfurt. Hg. v. Dorothee Linnemann, Frankfurt am Main 2018, S. 232-235.

Stoehr, Irene: Bund Deutscher Frauenvereine (BDF), in: Digitales Deutsches Frauenarchiv (2019). URL: https://www.digitales-deutsches-frauenarchiv.de/akteurinnen/bund-deutscher-frauenvereine-bdf

Wolff, Kerstin: Unsere Stimme zählt! Die Geschichte des deutschen Frauenwahlrechts, Überlingen 2018.

Wolff, Kerstin: Louise Otto-Peters. Unerschrockene Revolutionärin und Gründerin der organisierten Frauenbewegung. In: Damenwahl! 100 Jahre Frauenwahlrecht. Begleitbuch zur Ausstellung im Historischen Museum Frankfurt. Hg. v. Dorothee Linnemann, Frankfurt am Main 2018, S. 44 f.

Wolff, Kerstin: Hedwig Dohm. Scharfzüngige und pointierte Schriftstellerin. In: Damenwahl! 100 Jahre Frauenwahlrecht. Begleitbuch zur Ausstellung im Historischen Museum Frankfurt. Hg. v. Dorothee Linnemann, Frankfurt am Main 2018, S. 50 f.

Wolff, Kerstin: Ziele, Organisation und Entwicklung der ersten deutschen Frauenbewegung (1865 – 1914). In: Damenwahl! 100 Jahre Frauenwahlrecht. Begleitbuch zur Ausstellung im Historischen Museum Frankfurt. Hg. v. Dorothee Linnemann, Frankfurt am Main 2018, S. 70-73.

Wolff, Kerstin: Wir wollen wählen! Der Kampf der Frauenbewegung um das Wahlrecht in Deutschland. In: Damenwahl! 100 Jahre Frauenwahlrecht. Begleitbuch zur Ausstellung im Historischen Museum Frankfurt. Hg. v. Dorothee Linnemann, Frankfurt am Main 2018, S. 74-77.

BILDNACHWEIS

ZUR AUTORIN

Dr. Ana Kugli studierte Literaturwissenschaft, Geschichte und Soziologie und promovierte 2004 mit einer Dissertation zu Bertolt Brecht. Neben zahlreichen Publikationen zu Brecht veröffentlichte sie einige Bücher zu ihrer Heimatstadt Pforzheim. 2018/19 wirkte sie als Texterin oder Kuratorin an mehreren Jubiläumsausstellungen rund um das Thema „100 Jahre Frauenwahlrecht" mit. Hieraus entstand die Idee zu diesem Buch.